Andando nas nuvens

Andando nas nuvens

James Dobson

Vida

Vida

EDITORA VIDA
Rua Isidro Tinoco, 70 Tatuapé
CEP 03316-010 São Paulo, SP
Tel.: 0 xx 11 2618 7000
Fax: 0 xx 11 2618 7030
www.editoravida.com.br

Editor responsável: Marcelo Smargiasse
Editor-assistente: Gisele Romão da Cruz Santiago
Preparação: Cecília Eller R. Nascimento
Revisão de provas: Josemar de Souza Pinto
Diagramação: Karine P. dos Santos
Capa: Arte Peniel

©1989, 2011, Regal Books. Este livro é uma seleção de *Emotions, Can You Trust Them?* de Dr. James Dobson.
Originalmente publicado nos EUA com o título *Head over Heels*.
Copyright da edição brasileira © 2013, Editora Vida
Edição publicada com permissão de Regal Books, uma divisão de Gospel Light Publications, Inc. (Ventura, CA 93006, EUA)

∎

Todos os direitos em língua portuguesa reservados por Editora Vida.

PROIBIDA A REPRODUÇÃO POR QUAISQUER MEIOS, SALVO EM BREVES CITAÇÕES, COM INDICAÇÃO DA FONTE.

∎

Scripture quotations taken from *Bíblia Sagrada, Nova Versão Internacional, NVI* ®
Copyright © 1993, 2000 by International Bible Society ®.
Used by permission IBS-STL U.S.
All rights reserved worldwide.
Edição publicada por Editora Vida, salvo indicação em contrário.

Todas as citações bíblicas e de terceiros foram adaptadas segundo o Acordo Ortográfico da Língua Portuguesa, assinado em 1990, em vigor desde janeiro de 2009.

1. edição: abr. 2013

Dados Internacionais de Catalogação na Publicação (CIP)
(Câmara Brasileira do Livro, SP, Brasil)

Dobson, James
 Andando nas nuvens : como se apaixonar com os pés no chão / James Dobson ; tradução Cecília Eller Nascimento. — São Paulo : Editora Vida, 2013.
 Título original: *Head over Heels : How to Fall in Love and Land on Your Feet*.
 ISBN 978-85-383-0271-1

 1. Casais — Relacionamento 2. Espiritualidade 3. Família — Ensino bíblico 4. Pais e filhos 5. Relações familiares 6. Vida cristã I. Título.

12-14491 CDD-241.6765

Índices para catálogo sistemático:
1. Amor romântico : Relacionamentos : Aspectos religiosos : Cristianismo   241.6765

Dedico carinhosamente este livro à minha esposa, Shirley, que me fez sentir "andando nas nuvens" mais de cinquenta anos atrás. Dividi os melhores momentos da minha vida com essa distinta mulher e agradeço a Deus por tê-la colocado na minha existência.

Sumário

Introdução 9

O significado do amor romântico 13

Crenças sobre o amor 22

Compromisso para a vida toda 57

Conclusão 64

Um posfácio pessoal 73

Ideias para aprendizagem e debates 86

Sobre o autor 109

Introdução

Você está prestes a ler um livro sobre uma das mais fortes e incompreendidas emoções humanas: o amor romântico. O tema das emoções humanas sempre me lembra de uma história que a minha mãe me contou sobre a escola em que ela estudava em 1930. O colégio se localizava numa pequena cidade de Oklahoma e formava uma série de péssimos times de futebol americano. Eles não ganhavam um jogo em anos. É compreensível que os pais e os alunos estivessem abatidos com a surra que o time levava toda sexta-feira à noite. Devia ser horrível mesmo.

Finalmente, um rico produtor de petróleo decidiu dar um jeito na situação. Pediu para falar com o time no vestiário após mais uma derrota devastadora. O que se seguiu foi um dos discursos esportivos mais dramáticos da história da escola. Aquele empresário ofereceu um Ford novinho para cada rapaz e para cada técnico do time se eles tão somente derrotassem seu arquirrival no jogo seguinte. Nem mesmo o grande técnico da Universidade de Notre Dame, Knute Rockne, poderia ter-se expressado melhor.

O time gritou, vibrou e deu tapinhas nos traseiros acolchoados uns dos outros. À noite, sonharam com *touchdowns*[1] e com os bancos de trás dos conversíveis que ganhariam. Toda a escola ficou em espírito de êxtase, e um clima de férias tomou conta do *campus*. Cada jogador se via atrás do volante de um lustroso automóvel de duas portas, com oito moças deslumbrantes se agarrando a seu corpo adolescente.

Chegou, enfim, a grande noite, e o time se reuniu no vestiário. A empolgação alcançava níveis sem precedentes. O técnico fez seu grande discurso, e os rapazes se apressaram para enfrentar o inimigo. Eles se alinharam nas laterais, uniram as mãos e gritaram juntos "Rá!". Correram para o campo... e foram destruídos: 38 x 0.

---

1 Jogada do futebol americano que vale seis pontos e é realizada quando o jogador cruza a linha de gol sem sofrer nenhuma obstrução. [N. do T.]

*Sete dias de vibração e oba-oba não seriam
capazes de compensar a falta de disciplina,
talento, prática, condicionamento, exercício,
treino, experiência e caráter dos jogadores.
Esta é a natureza das emoções humanas.
Elas podem ser incertas, passageiras
e até meio tolas.*

A exuberância do time não se traduziu em um único ponto no placar. Sete dias de vibração e oba-oba não seriam capazes de compensar a falta de disciplina, talento, prática, condicionamento, exercício, treino, experiência e caráter dos jogadores.

Essa é a natureza das emoções humanas. Elas podem ser incertas, passageiras e até meio tolas. A falha em compreender como funcionam pode levar a muitos erros dolorosos. Isso é verdade em especial no que se refere ao amor romântico. Ele produz um sentimento maravilhoso no casal de olhos brilhantes, mas o que "amar" significa de verdade? Essa é a pergunta que tentaremos responder.

O SIGNIFICADO DO AMOR ROMÂNTICO

Muitos jovens crescem com um conceito distorcido do amor romântico. Confundem o sentimento real com a paixão passageira e idealizam o casamento como algo que ele nunca poderá ser. Para ajudar a esclarecer esse conceito errôneo, desenvolvi um breve teste de "verdadeiro ou falso" a ser usado com grupos de adolescentes. Para a minha surpresa, descobri que os adultos não alcançam uma pontuação muito melhor no teste que seus filhos adolescentes. Pode ser interessante você fazê-lo também, para mensurar a sua compreensão do que é romance, amor e casamento. Uma discussão acerca de cada afirmativa verdadeira ou falsa se segue ao teste, a fim de ajudar você a descobrir por si mesmo a diferença entre o amor distorcido e o amor verdadeiro.

Quais são as suas crenças sobre o amor?

Assinale "Verdadeiro" ou "Falso" para cada uma das afirmativas a seguir:

Verdadeiro	Falso	
☐	☐	1. O "amor à primeira vista" acontece entre algumas pessoas.
☐	☐	2. É fácil diferenciar o amor verdadeiro da paixão.
☐	☐	3. Pessoas que se amam de verdade não brigam nem discutem.
☐	☐	4. Deus escolhe *uma* pessoa específica com quem cada um de nós deve casar-se, e ele guia esse encontro.
☐	☐	5. Quando um homem e uma mulher sentem amor genuíno um pelo outro, as dificuldades e os problemas exercem pouco ou nenhum efeito sobre o relacionamento.
☐	☐	6. É melhor se casar com a pessoa errada que ficar solteiro e sozinho a vida inteira.
☐	☐	7. Não é prejudicial nem errado ter relações sexuais antes do casamento se um casal desfruta de um relacionamento significativo.
☐	☐	8. Quando um casal se ama de verdade, essa condição é permanente e dura a vida inteira.
☐	☐	9. É melhor ter um namoro curto (seis meses ou menos).
☐	☐	10. Os adolescentes são mais capazes de sentir amor genuíno que os mais velhos.

Rapaz e moça se encontram: viva o amor!

Sem dúvida, existem opiniões diferentes em relação às respostas para o teste de verdadeiro ou falso. Tenho, porém, forte convicção quanto àquilo que considero serem as respostas corretas para cada item. Na verdade, creio que muitos problemas comuns do casamento surgem por causa de uma compreensão equivocada de um ou mais desses itens. Analise o exemplo a seguir.

A confusão começa quando um rapaz e uma moça se encontram, e todo o céu se ilumina em profusão romântica. Fumaça e fogo são sucedidos por relâmpagos e trovões, e o casal embevecido se encontra atolado até os joelhos naquilo que pode ou não ser amor verdadeiro. A adrenalina é lançada aos montes no sistema cardiovascular, e cada nervo é carregado com 220 volts de eletricidade. Então dois pequenos mensageiros sobem correndo pela espinha dorsal do rapaz e da moça, ressoando sua empolgante mensagem para a cabeça em rodopios: "É isto! A procura terminou! Encontrei o ser humano perfeito! Viva o amor!".

*A confusão começa quando um rapaz
e uma moça se encontram,
e todo o céu se ilumina em profusão romântica.
Fumaça e fogo são sucedidos por relâmpagos
e trovões, e o casal embevecido se encontra
atolado até os joelhos naquilo que pode
ou não ser amor verdadeiro.*

Da perspectiva do jovem casal romântico, é maravilhoso demais para ser verdade. Eles querem estar juntos vinte e quatro horas por dia — caminhar na chuva, sentar perto de uma fogueira, beijar, acariciar e abraçar. Os olhos se enchem de lágrimas só de pensar um no outro. E não demora até surgir o assunto do casamento. Eles então marcam a data, reservam a igreja, entram em contato com o pastor e escolhem as flores.

Chega a grande noite, em meio às lágrimas da mãe, ao sorriso do pai, às madrinhas morrendo de inveja e às pequenas damas de honra assustadas. As velas se acendem, e a irmã da noiva entoa duas belas músicas. Os votos são proferidos, as alianças são colocadas em dedos trêmulos e o pregador diz ao noivo que beije sua nova esposa. Eles saem pelo corredor central, cada um mostrando os 32 dentes, a caminho da recepção.

Amigos e pessoas bem-intencionadas abraçam e beijam a noiva, reviram os olhos para o noivo, comem um bolo ruim e seguem as instruções do fotógrafo suado. Finalmente, os novos senhor e senhora saem correndo da festa, numa rajada de arroz e confetes, e partem para a lua de mel.

Até então, o lindo sonho continua intacto, mas seu tempo já está contado.

A primeira noite no hotel é menos excitante que o alardeado; além disso, pode acabar revelando-se um desastre cômico. Ela está nervosa e tensa; ele, pouco à vontade, mas fingindo confiança. Desde o início, o sexo é marcado pela ameaça de um possível fracasso. As vastas expectativas dos dois quanto ao leito conjugal levam ao desapontamento, à frustração e ao medo. A maioria dos seres humanos tem um desejo quase neurótico de se sentir sexualmente adequado. Por isso, cada parceiro tende a culpar o outro por qualquer falha em alcançar o orgasmo, o que acaba acrescentando um toque de ressentimento e raiva ao relacionamento.

Lá pelas 3 horas da segunda tarde, o novo marido reflete por dez minutos na fatídica pergunta: "Será que cometi um grave erro?". O silêncio dele aumenta a ansiedade dela, e assim nascem as sementes do desencanto. Cada um tem tempo demais para pensar nas consequências do novo relacionamento, e ambos começam a se sentir numa cilada.

A primeira briga é por um motivo bobo. Eles discutem rapidamente sobre quanto gastarão no jantar da terceira noite da lua de mel. Ela deseja ir a um lugar romântico, para criar um clima, e ele quer comer com o Ronald McDonald. A explosão dura poucos instantes e é seguida por pedidos de desculpas, mas palavras duras foram trocadas, lançando fora uma ponta afiada do lindo sonho. Logo aprenderão a magoar um ao outro de verdade.

De algum modo, conseguem chegar ao sexto dia da viagem e voltam para casa, a fim de iniciar a vida juntos. É então que o mundo começa a se esfacelar e desmoronar diante de seus olhos. A briga seguinte é maior e melhor que a primeira; ele sai de casa por duas horas, e ela liga para a mãe.

Ao longo do primeiro ano, eles passam por uma competição recorrente de vontade própria, cada um lutando por poder e liderança. E, no meio desse cabo de guerra, ela sai bufando da clínica do obstetra com as palavras ecoando nos ouvidos: "Tenho boas notícias para você, sra. Jones!". Tudo aquilo de que a sra. Jones não precisava no momento eram "boas notícias" do obstetra.

Daí para o conflito final, vemos dois jovens decepcionados, confusos e profundamente magoados, perguntando-se como tudo aquilo foi acontecer. Um garotinho sapeca ou uma linda princesinha logo chega à família. É possível que essa criança e as que virão nunca desfrutem dos benefícios de um lar estável. Ela será criada pela mãe e sempre se perguntará: "Por que o papai não mora mais aqui?".

É claro que a imagem que pintei não retrata todo início de casamento, mas representa muitos deles. O índice de divórcio nos Estados Unidos é mais alto que em qualquer outra nação civilizada do mundo, e está crescendo. No caso do nosso jovem casal desiludido, o que aconteceu com o sonho romântico? Como um relacionamento que começou com tanto entusiasmo se transformou tão rapidamente em ódio e hostilidade? No início, eles não poderiam estar mais apaixonados, mas a "felicidade" sumiu do rosto perplexo de cada um. Por que não durou? Como outros podem evitar a mesma surpresa desagradável?

Talvez nosso teste de verdadeiro ou falso proporcione algumas respostas.

Crenças sobre o amor

Aqui estão algumas respostas para o teste.

ITEM 1

O "amor à primeira vista" acontece entre algumas pessoas.

Falso. Embora alguns leitores possam discordar de mim, o amor à primeira vista é uma impossibilidade física e emocional. Por quê? Porque o amor não é um mero sentimento de excitação romântica; vai além da atração sexual intensa; excede a empolgação de "conquistar" um prêmio social muito desejado. Essas emoções ocorrem à primeira vista, mas *não constituem o amor*. Gostaria que todo jovem casal soubesse disso. Tais sentimentos diferem do amor, pois colocam os holofotes sobre a pessoa que os sente. "O que está acontecendo *comigo*? Esta é a coisa mais fantástica que *eu* já senti! Acho que *eu* estou amando!".

Observe que são emoções egoístas, no sentido de serem motivadas pela gratificação pessoal. Pouca relação têm com o ser amado.

Essa pessoa não está amando ninguém; *ela está amando o amor!* E há uma diferença enorme entre as duas coisas.

As músicas populares, a principal fonte de informação sobre o amor para muitos adolescentes, indica uma vasta ignorância sobre o assunto. Esse fator é tão relevante para a música de hoje quanto para a do passado. Uma antiga e imortal canção afirma: "Antes do fim da dança, eu soube que amava você".[2] Eu me pergunto se o cantor tinha a mesma certeza na manhã seguinte. Outra música confessa: "Não sabia bem o que fazer, então sussurrei: 'Amo você!'".[3] Essa ainda me incomoda. A ideia de basear um compromisso para a vida toda numa confusão adolescente me parece, no mínimo, duvidosa.

A Família Dó-Ré-Mi gravou uma música anos atrás que também revela uma falta de compreensão sobre o amor de verdade; a letra diz: "Acordei amando hoje, porque fui dormir pensando em você". O amor, nesse sentido, nada mais é que um estado de espírito — e só dura enquanto esse estado durar. Por fim, um conjunto de *rock* dos anos 1960 chamado The Doors ganhou o prêmio do número musical mais ignorante do século XX;

---

[2] Trecho ligeiramente modificado de "The Continental", gravada por Nat King Cole em 1934. Em 1964, The Beatles lançaram "I'm Happy Just to Dance with You", que faz referência ao mesmo trecho da música de Cole. [N. do T.]

[3] Trecho de "Then He Kissed Me", gravada pelo grupo feminino The Crystals. [N. do T.]

o coro diz: "Oi, eu te amo, por que não me diz seu nome?".

Você sabia que a ideia de casamento baseado na afeição romântica é algo relativamente recente na história humana? No mundo ocidental, antes de 1200 d.C., a família do noivo e da noiva arranjavam o casamento, e nunca passou pela cabeça de ninguém que os dois deveriam "apaixonar-se". Na verdade, o conceito de amor romântico foi popularizado por William Shakespeare. Há momentos em que me pego desejando que esse distinto inglês estivesse por aqui para nos ajudar a entender o que ele tinha em mente.

Aqui vai a minha melhor explicação: o amor verdadeiro, em contraste com as noções populares, é uma expressão de apreço profundo por outro ser humano; é uma consciência intensa das necessidades e dos anseios do outro no passado, no presente e no futuro. É altruísta, doador e cuidadoso. E acredite, esses não são atributos que simplesmente "acontecem" à primeira vista, como se ele ou ela estivessem caindo dentro de uma vala.

Desenvolvi amor duradouro pela minha esposa, Shirley, mas isso não foi algo que aconteceu de uma hora para outra.

Eu *amadureci* o sentimento, e esse processo levou tempo. Precisei conhecê-la para conseguir apreciar a profundidade e a estabilidade de seu caráter, para me familiarizar com as nuances de sua personalidade, que hoje me encantam. A intimidade na qual o amor floresceu não poderia ser produzida "numa noite encantada [...] do outro lado da sala lotada"[4] (como disse outro antigo musicista). É impossível amar o desconhecido, por mais atraente, sensual ou casadouro que ele seja.

ITEM 2

É fácil diferenciar o amor verdadeiro da paixão.

Mais uma vez, a afirmação é falsa. A corrida maluca no início de uma aventura romântica carrega todas as características de uma aventura para a vida inteira. Tente dizer ao sonhador de 16 anos que ele não está amando de verdade, que está apenas apaixonado. Ele vai pegar o violão e cantar para você uma música sobre o "amor verdadeiro". Ele sabe o que sente, e ele se sente

---

[4] De "Some Enchanted Evening", canção do musical South Pacific, de 1949. [N. do T.]

muito bem. Mas o melhor que esse jovem tem a fazer é aproveitar a volta da montanha-russa enquanto ela dura, pois o final é previsível.

Devo destacar este fato com a maior ênfase possível: o êxtase da paixão *nunca* é uma condição permanente. Ponto! Se você espera viver no topo da montanha-russa ano após ano, esqueça! As emoções vão de alto a baixo, depois para o alto novamente em ritmo cíclico; como a empolgação romântica também é uma emoção, ela certamente oscilará. Se a palpitação do encontro sexual for identificada com o amor genuíno, a desilusão e o desapontamento já estarão batendo à porta.

Quantos jovens casais vulneráveis começam a "amar o amor" no primeiro encontro e se fecham no casamento antes que o balanço natural das emoções passe pelo primeiro ponto baixo! Então, eles acordam certa manhã sem aquele sentimento maravilhoso e concluem que o amor acabou. Na verdade, ele nunca existiu. Foram enganados por um "topo" emocional.

Eu estava tentando explicar essa característica de altos e baixos de nossa natureza psicológica para um grupo de cem recém-casados. Durante o período de discussão, alguém perguntou a um jovem em um dos grupos por que ele se casara tão novo. Ele respondeu: "Porque só fiquei sabendo dessa linha oscilante tarde demais!". Infelizmente, a linha oscilante já capturou bem mais que um jovem romântico.

*Quantos jovens casais vulneráveis começam
a "amar o amor" no primeiro encontro
e se fecham no casamento antes que
o balanço natural das emoções passe pelo
primeiro ponto baixo!*

A "linha oscilante" é manipulada para cima e para baixo pelas circunstâncias da vida. Mesmo quando um homem e uma mulher se amam de forma profunda e genuína, eles se descobrirão cheios de sentimento numa ocasião e emocionalmente neutros em outra. Contudo, o amor deles não é definido pelos altos e baixos; em vez disso, depende do *comprometimento da vontade.* A estabilidade se origina da determinação irrepreensível de fazer o casamento ter sucesso e de manter a chama acesa, *a despeito das circunstâncias.*

Infelizmente, nem todos concordam com o conceito divinamente inspirado de casamento permanente. A falecida antropóloga dra. Margaret Mead defendia o casamento experimental para os jovens. Ela e outros autores encorajaram os jovens a aceitar o casamento grupal e a contrair matrimônio e coabitação. Até mesmo a nossa música refletiu as tentativas sem sentido de promover relacionamentos inovadores entre homens e mulheres.

Uma dessas ideias é a de que o amor romântico só consegue sobreviver na *ausência* de compromisso permanente. O cantor Glenn Campbell traduziu esse pensamento numa canção que ficou popular na época, chamada "Gentle on My Mind" [Leve em minha mente]. Parafraseando a letra, ele disse que não eram as assinaturas manchadas de tinta numa certidão de casamento que mantinha sua roupa de cama empilhada atrás do sofá da casa de sua amante; era saber que podia levantar-se e deixá-la no momento que quisesse — que ela não o prendia com nenhuma amarra. Era a liberdade para abandoná-la que a mantinha "leve em [sua] mente".

Que noção ridícula achar que existe uma mulher capaz de deixar seu amante chegar e ir embora sem nenhum sentimento de perda, rejeição ou abandono! Que ignorância do poder do amor (e do sexo) de nos fazer "uma só carne", inevitavelmente cortando e rasgando essa carne no momento da separação.

E, é claro, a canção de Glenn Campbell não fala nada das criancinhas nascidas de um relacionamento como esse, perguntando se o papai estará com elas na manhã seguinte, se as ajudará a pagar as contas, ou se estará longe, perto dos trilhos de alguma estrada de ferro, tomando café numa lata, perdido nos recônditos de sua mente. Você consegue enxergar essa mulher em pé com os filhos, na porta da frente, balançando um lenço e dizendo: "Tchau, querido. Apareça quando puder!"?

Voltemos à pergunta diante de nós: se o amor genuíno se fundamenta no comprometimento da vontade, como saber quando ele chegou? Como distingui-lo da paixão temporária? Como o sentimento pode ser interpretado, se não é confiável nem constante?

Só há uma resposta para essas perguntas: *leva tempo*. O melhor conselho que posso dar a um casal que está pensando em se casar (ou em tomar qualquer outra decisão importante) é: não tome *nenhuma* decisão importante, que mudará a vida de vocês, de forma rápida ou impulsiva; se estiverem em dúvida, deem um tempo. É uma boa sugestão para todos pormos em prática.

ITEM 3

Pessoas que se amam de verdade não brigam nem discutem.

Duvido que este terceiro item precise mesmo de resposta. Um pouco de conflito conjugal é tão inevitável quanto o nascer do sol, mesmo em casamentos cheios de amor. No entanto, existe uma diferença entre confrontos saudáveis e confrontos prejudiciais, que depende da forma de lidar com o desentendimento. Num casamento instável, a raiva costuma ser lançada diretamente sobre o companheiro. As mensagens hostis e centradas na pessoa, do tipo "você", atingem o âmago do autovalor do outro e causam profunda revolta interna.

O melhor conselho que posso dar a um casal pensando em se casar (ou em tomar qualquer outra decisão importante) é: não tome nenhuma decisão importante, que mudará a vida de vocês, de forma rápida ou impulsiva; se estiverem em dúvida, deem um tempo. É uma boa sugestão para todos pormos em prática.

"Você não faz nada direito!"

"Por que fui me casar com você?"

"Como você pode ser tão burro
(ou irracional, ou injusto)?"

"A cada dia você fica mais parecida com
sua mãe."

O cônjuge ferido costuma responder no mesmo nível, retrucando com comentários odiosos, pontuados por lágrimas e xingamentos. O propósito declarado desse tipo de disputa é magoar, e conseguimos ser bem eficientes nisso. As palavras ferinas nunca são esquecidas, mesmo que ditas num momento de raiva irracional. Esse tipo de combate, além de prejudicial, é vicioso e corrosivo. Desgasta o relacionamento conjugal e pode facilmente destruí-lo.

O conflito saudável, por sua vez, permanece focado no assunto que deu origem ao desentendimento. As mensagens do tipo "eu", centradas no assunto, informam ao cônjuge o que está errado e que ele não é o alvo principal:

"Estou preocupado com todas essas
contas."

"Fico chateado quando não sei que
você chegará tarde para o jantar."

> "Fiquei envergonhado com o que você disse na festa ontem à noite. Eu me senti um bobo."

Qualquer área de dificuldade — preocupação, raiva, vergonha — pode ser emocional e tensa, mas causará muito menos dano para o ego de ambos se o foco permanecer no desentendimento básico e na tentativa de resolvê-lo juntos. Um casal saudável é capaz de lidar com os problemas por meio de concessões e negociação. Ainda haverá dor e mágoa, mas o marido e a esposa terão menos farpas cravadas para retirar na manhã seguinte. A habilidade de brigar *certo* pode ser a mais importante para os recém-casados aprenderem.

Àqueles que não compreendem a técnica, restam duas alternativas: 1) manter a raiva e o ressentimento em silêncio, deixando-os apodrecer e acumular ao longo dos anos, ou 2) explodir e fazer um ataque pessoal ao companheiro. As cortes de divórcio estão bem representadas por casais de ambas as categorias.[5]

---

5 Para mais informações sobre como lidar com conflitos de forma saudável, leia AUGSBURGER, David. **Importe-se o bastante para confrontar.** Campinas: Cristã Unida, 1992.

ITEM 4

Deus escolhe uma pessoa específica com quem cada um de nós deve casar-se, e ele guia esse encontro.

Certo jovem a quem eu estava aconselhando me disse que, certa vez, acordou no meio da noite com a forte impressão de que Deus queria que ele se casasse com uma moça com quem havia tido alguns encontros casuais. Eles nem estavam namorando na época e mal se conheciam. Na manhã seguinte, o jovem ligou para ela e transmitiu a mensagem que o Senhor supostamente lhe enviara durante a noite. A moça achou que não deveria argumentar com Deus e, por isso, aceitou o pedido. Eles estavam casados havia sete anos e lutando para sobreviver juntos desde o dia do casamento!

As pessoas que acreditam que Deus garante um casamento bem-sucedido a todo cristão estão a um passo de levar um choque. Isso não significa que o Senhor não se interessa pela escolha do companheiro, nem que ele deixará de responder a um pedido específico de orientação nessa área tão significativa. Com certeza, Deus deve ser buscado numa questão dessa importância.

Eu o consultei repetidas vezes antes de pedir a minha esposa em casamento.

No entanto, não creio que o Senhor realize um serviço rotineiro de encontrar a pessoa certa para todo aquele que o adora. Ele nos deu capacidade de julgamento, bom senso e discernimento; portanto, espera que exercitemos essas habilidades na área matrimonial. Aqueles que creem de outra forma têm a probabilidade de começar a vida conjugal despreparados, pensando: "Deus teria impedido se não aprovasse nossa união". A pessoas com tanta confiança, só posso dizer: "Boa sorte!".

Não creio que o Senhor realize um serviço rotineiro de encontrar a pessoa certa para todo aquele que o adora. Ele nos deu capacidade de julgamento, bom senso e discernimento, e espera que exercitemos essas habilidades na área matrimonial.

ITEM 5

Quando um homem e uma mulher sentem amor genuíno um pelo outro, as dificuldades e os problemas exercem pouco ou nenhum efeito sobre o relacionamento.

Outro equívoco comum em relação ao significado do "amor verdadeiro" é que ele fica imune aos estresses da vida e permanece firme como o estreito de Gibraltar durante os momentos difíceis. Às vezes, o amor não conquista tudo. The Beatles defenderam essa noção com a música: "Só precisamos de amor, amor, amor é tudo de que precisamos". Infelizmente, precisamos de um pouco mais do que isso.

Trabalhei na equipe de atendimento do Hospital Infantil de Los Angeles durante catorze anos. Vimos várias crianças com problemas genéticos e metabólicos ao longo dos anos, a maioria envolvendo deficiências mentais e físicas que acometiam os pequenos pacientes. O impacto emocional desses diagnósticos sobre a família é devastador. Mesmo em casamentos estáveis e amorosos, a culpa e o desapontamento de ter gerado uma criança "estragada" costumam abrir um abismo entre a mãe e o pai aflitos. De maneira semelhante, a fibra do amor pode ser enfraquecida por dificuldades financeiras, doenças, problemas nos negócios ou separação prolongada. Em suma, devemos concluir que o amor é vulnerável à dor e aos traumas e, muitas vezes, vacila quando atacado pela vida. Ele precisa ser protegido e cuidado quanto surgem as dificuldades.

ITEM 6

É melhor se casar com a pessoa errada do que ficar solteiro e sozinho a vida inteira.

Mais uma vez, a resposta é "Falso". De modo geral, é menos doloroso estar em busca de um fim para a solidão que enredado no tumulto emocional de um casamento ruim. Entretanto, a ameaça de ficar solteira para sempre leva muitas moças, em especial, a pegar o primeiro trem com destino ao trilho matrimonial. Na maioria das vezes, ele oferece um bilhete só de ida para os problemas.

O medo de nunca encontrar um companheiro pode levar a pessoa solteira a ignorar o bom senso e a comprometer seus padrões.

Uma jovem pode argumentar consigo mesma da seguinte forma: "John não é cristão, mas talvez eu consiga influenciá-lo depois que nos casarmos. Ele bebe muito, mas provavelmente faz isso porque é jovem e despreocupado. Não temos muito em comum, mas tenho certeza de que aprenderemos a amar um ao outro com o tempo. Além disso, o que seria pior que viver sozinha?".

Esse tipo de racionalização se baseia no anseio desesperado por um milagre matrimonial, mas os finais felizes dos livros são incomuns na vida cotidiana. Quando um casal mergulha no casamento ignorando os sinais óbvios de advertência, tanto o marido quanto a esposa estão apostando seus anos futuros na sorte.

Leitores que estão solteiros hoje, *por favor*, acreditem em mim quando digo que um casamento infeliz pode ser uma das experiências mais terríveis da face da terra! Em geral, leva à rejeição, a sentimentos feridos, filhos magoados e noites insones. Com certeza, a jornada solitária de uma pessoa solteira pode constituir uma vida significativa e satisfatória. Pelo menos, não envolve uma casa "dividida contra si mesma" (Marcos 3.25).

*Quando um casal mergulha no casamento
ignorando os sinais óbvios de advertência,
tanto o marido quanto a esposa estão
apostando seus anos futuros na sorte.
Leitores que estão solteiros hoje, por favor,
acreditem em mim quando digo que
um casamento infeliz pode ser uma das
experiências mais terríveis da face da terra!*

ITEM 7

Não é prejudicial nem errado ter relações sexuais antes do casamento se um casal desfruta de um relacionamento significativo.

Este item representa *o mais perigoso equívoco popular sobre o amor romântico*, não só para os indivíduos como também para toda a nação. Ao longo de várias décadas passadas, temos testemunhado a desintegração trágica das tradições sexuais e dos conceitos tradicionais de moralidade. Em resposta ao ataque constante da indústria do entretenimento e da mídia, muitas pessoas começaram a crer que o relacionamento sexual antes do casamento é saudável e moralmente aceitável. Esse ponto de vista reflete o vazio sexual da era em que vivemos.

É incomum os cientistas sociais serem unânimes em relação aos temas que estudam, mas a maioria deles concorda quanto às consequências do comportamento sexual precoce. Em geral, é o primeiro passo para danos emocionais e físicos devastadores, especialmente entre aqueles para quem o relacionamento sexual se torna costumeiro.

Como afirmo no livro *Educando meninas*,[6] é quase impossível superestimar o escopo deste problema. Cerca de 19 milhões de novos casos de doenças sexualmente transmissíveis surgem todos os anos em todas as faixas etárias dos Estados Unidos.[7] Aqueles que têm relações sexuais com vários parceiros, mesmo que ocasionalmente, com certeza — e digo com certeza mesmo —, acabarão infectados por uma doença sexualmente transmissível (ou por um conjunto delas). Os preservativos podem reduzir o risco, mas também são problemáticos. Escorregam, estouram, vazam e se tornam frágeis com o tempo. Em alguns casos, tudo o que basta para contrair um distinto caso de sífilis, gonorreia, clamídia, herpes ou qualquer outra das 30 DSTs comuns é cometer um único erro. A chance de se contaminar com um parceiro infectado é de até 40% por relação sexual.[8]

---

6 São Paulo: Mundo Cristão, 2011. [N. do R.]

7 "Sexually Transmitted Disease Surveillance, 2007", Center for Disease Control and Prevention. O relatório completo está disponível em: <http://www.cdc.gov/std/stat07>. Acesso em: 30 mai. 2012.

8 JOHANNISSON, E. "STDs, AIDS and Reproductive Health", **Advances in Contraception**, junho de 2005.

Uma das temidas doenças mencionadas é o papiloma vírus humano, ou HPV, que merece atenção especial. Os centros de controle e prevenção de doenças dos Estados Unidos estimam que 19 milhões sejam infectados por essa doença a cada ano.[9] Pelo menos 50% das pessoas sexualmente ativas contrairão HPV durante a vida.[10] Aos 50 anos de idade, 80% das mulheres adquirirão uma infecção genital do HPV.[11] Existem mais de 100 variações de infecção, e 40 delas afetam a região genital. Algumas causam câncer de colo de útero.[12] A maioria das pessoas não sabe que está infectada, nem que transmite o vírus ao parceiro sexual. As mulheres que contraem uma dessas doenças precisam de avaliação médica regular e podem necessitar de exames especiais e tratamento.

Outros estudos revelam que o sexo oral entre adolescentes de 15 a 19 anos é mais comum que o sexo vaginal.[13] Setenta por

---

9   "Genital HPV Infection: CDC Fact Sheet, 2009". V. <http://www.cdc.gov/STD/HPV/STDFact-HPV.htm>. Acesso em: 30 mai. 2012.

10 Ibid.

11 Ibid.

12 Ibid.

13 LINDBERG, Laura Duberstein; JONES, Rachel; SANTELLI, John S. "Non-Coital Sexual Activities Among Adolescents", **Journal of Adolescent Health**, setembro de 2008. p. 231-238.

cento dos jovens entre 17 e 19 anos afirmam já ter feito sexo oral.[14] O inacreditável é que a maioria dos adolescentes considera esse ato algo casual, desprovido de intimidade.[15] Alguns parecem optar pelo sexo oral, em vez do vaginal, para manter o *"status* de virgem" e evitar doenças.[16] Mal sabem eles que muitos dos organismos sexualmente transmissíveis que levam para casa, como herpes e outros vírus, são incuráveis, embora tenham tratamento. Algumas variações do papiloma vírus humano podem causar câncer de boca e garganta, e são disseminadas pelo sexo oral. Esses são fatos frios e duros.

O dr. Joel Ernster, otorrinolaringologista que atua em Colorado Springs, Colorado, escreveu: "O sexo oral tem consequências que vão muito além do que pensávamos a princípio".[17] Ele disse que homens casados

---

14 STEPP, Laura Sessions. "Study: Half of All Teens Have Had Oral Sex", **Washington Post**, 16 de setembro de 2005, National Center for Health Statistics, 2005.

15 Pesquisa sobre sexo entre adolescentes, realizada por Princeton Survey Research Associates International, 2004. V. <http://www.msnbc.msn.com/id/6839072>. Acesso em: 30 mai. 2012.

16 Id., **Contraceptive Technology Update 22**, n. 5 (maio de 2001).

17 "Studies Tie Oral Sex to Throat Cancer in Some Men", **Colorado Springs Gazette**, 22 de outubro de 2007.

que participaram desse tipo de atividade sexual décadas antes ainda podem ser portadores da infecção.

Estudo após estudo, vemos a confirmação daquilo que muitos de nós sabemos há décadas, mas que ainda parece ser desconhecido da maioria dos adolescentes e jovens: não existe sexo seguro. As autoridades de saúde dos Estados Unidos estimaram, em 2007, que 25% das mulheres do país, entre 14 e 59 anos, estão infectadas com o vírus que causa verrugas e a maioria dos casos de câncer de colo de útero.[18] Isso choca você o mesmo tanto quanto choca a mim? Vinte e cinco por cento das adolescentes, esposas, irmãs, tias e algumas avós que você vê andando por aí são portadoras dessa doença. Algumas morrerão de um câncer resultante do HPV. Essa epidemia de doenças sexualmente transmissíveis está em turbilhão ao nosso redor.

O envolvimento sexual indiscriminado não só representa uma ameaça à sobrevivência do indivíduo, mas também tem consequências sérias para as nações. O antropólogo J. D. Unwin realizou um estudo exaustivo de 88 civilizações que já existiram

---

18 "Sexually Transmitted Disease Surveillance, 2007".

na história do mundo. Cada cultura reflete um ciclo de vida semelhante, que começa com um código rígido de conduta sexual e termina com a exigência de "liberdade" completa para expressar as paixões individuais. Unwin relata que *todas* as sociedades que endossaram a promiscuidade sexual logo pereceram. Jamais houve exceções.[19]

---

19 UNWIN, Joseph Daniel. "Sexual Regulations and Cultural Behavior", palestra ministrada em 27 de março de 1935 para a seção médica da **British Psychological Society**, impressa por Oxford University Press (London, England).

Estudo após estudo, vemos a confirmação daquilo que muitos de nós sabemos há vinte anos, mas que ainda parece ser desconhecido da maioria dos adolescentes e jovens: não existe sexo seguro. A epidemia de doenças sexualmente transmissíveis está em turbilhão ao nosso redor.

Por que você acha que o desejo reprodutivo dentro de nós é tão relevante para a sobrevivência de uma cultura? Porque a energia que mantém as sociedades unidas é sexual em sua natureza! A atração física entre homens e mulheres os leva a constituir família e a investir no desenvolvimento pessoal. Incentiva-os a trabalhar, economizar e labutar para garantir a sobrevivência. A energia sexual provê o ímpeto para a criação de filhos saudáveis e para a transferência de valores de uma geração para a outra.

O desejo sexual faz o homem trabalhar, quando ele preferiria economizar. Leva a mulher a economizar, quando ela preferiria gastar. Em suma, o aspecto sexual da nossa natureza — quando liberado exclusivamente dentro da família — gera estabilidade e responsabilidade, que não ocorreriam de outro modo. Quando uma nação é formada por milhões de unidades familiares responsáveis e dedicadas, toda a sociedade é estável, responsável e resiliente.

Se a energia sexual dentro da família é a chave para uma sociedade saudável, sua liberação fora desses limites tem potencial catastrófico. A força que une as pessoas se torna o agente de sua destruição.

Talvez essa ideia possa ser ilustrada por meio de uma analogia entre a energia sexual dentro da família nuclear e a energia física dentro do núcleo de um minúsculo átomo. Elétrons, nêutrons e prótons se mantêm num delicado equilíbrio por uma força elétrica existente dentro de cada átomo. Quando, porém, esse átomo e seus vizinhos se desintegram numa fissão nuclear (como no caso de uma bomba atômica), a energia que fornecia estabilidade interna é liberada com chocante poder de destruição. Há muitos motivos para acreditar que a comparação entre o núcleo de um átomo e a família nuclear é mais do que acidental.

Quem pode negar que a sociedade é gravemente enfraquecida quando o intenso desejo sexual entre homens e mulheres se torna instrumento de suspeita e intrigas em milhões de famílias? Nessas circunstâncias, a mulher nunca sabe o que o marido está fazendo longe de casa, e o esposo não consegue confiar na esposa enquanto está ausente. Quando os desejos sexuais correm soltos, acabamos com metade das noivas grávidas no altar e com recém-casados que perderam todo o deslumbramento exclusivo ao leito conjugal.

Infelizmente, a vítima mais triste de uma sociedade assim imoral é a criança vulnerável que ouve os pais brigando e discutindo. As tensões e frustrações dessa criança se espalham por seu mundo, e a instabilidade do lar deixa cicatrizes feias em sua mente tão jovem. Então ela observa os pais se separando de forma litigiosa e, com frequência, diz adeus ao pai que ama e de quem precisa.

Ou talvez devêssemos falar sobre os milhares de bebês de adolescentes solteiras nascidos a cada ano. Muitos deles nunca conhecerão a segurança de um lar repleto de amor e cuidado. Ou quem sabe poderíamos discutir o disseminado flagelo das doenças sexualmente transmissíveis, inclusive do vírus mortal da aids, que atingiu proporções epidêmicas.

Nascimentos ilegítimos, abortos, doenças e até a morte: este é o verdadeiro vômito da revolução sexual, e estou cansado de ouvi-lo ser romanceado e glorificado. Deus foi claro ao proibir comportamentos sexuais irresponsáveis — não para nos privar da diversão e do prazer, mas para nos poupar das consequências desse estilo de vida deteriorado.

ITEM 8

Quando um casal se ama de verdade, essa condição é permanente e dura a vida inteira.

O amor, mesmo quando genuíno, é frágil. Deixe-me dizer mais uma vez: o relacionamento conjugal precisa ser conservado e protegido para sobreviver. O amor pode acabar se o marido ou a esposa trabalham sete dias por semana, se não há tempo nenhum para atividades românticas, se o homem e a mulher se esquecem de como conversar um com o outro.

O brilho de um relacionamento amoroso pode ser ofuscado por pressões rotineiras da vida, como a que vivenciei durante o início do casamento com Shirley. Eu trabalhava em tempo integral e estava tentando terminar o doutorado na University of Southern California. Minha esposa era professora e cuidava da nossa pequena casa. Lembro-me com clareza da noite em que percebi o que a vida ocupada estava fazendo com nosso relacionamento. Ainda nos amávamos, mas fazia muito tempo que não sentíamos um espírito de ternura e intimidade. Deixei de lado os livros naquela noite e fomos dar uma longa caminhada.

No semestre seguinte, aliviei o fardo nos estudos e adiei as metas acadêmicas para preservar o que eu mais valorizava. Voltei aos estudos no semestre posterior.

Qual é a posição do casamento na sua hierarquia de valores? Ele fica com os restos e as sobras da sua agenda apertada, ou é algo de grande valor, que merece ser preservado e cuidado? O relacionamento pode morrer se for abandonado.

ITEM 9

É melhor ter um namoro curto (seis meses ou menos).

A resposta a esta pergunta está inserida na réplica ao segundo item, sobre a paixão. Namoros curtos refletem decisões impulsivas sobre um compromisso para a vida inteira e são, na melhor das hipóteses, um negócio arriscado.

ITEM 10

Os adolescentes são mais capazes de sentir amor genuíno que os mais velhos.

Se isso fosse verdade, teríamos dificuldade em explicar por que cerca da metade dos casamentos entre adolescentes termina em divórcio nos primeiros anos. Pelo contrário, o tipo de amor que estou descrevendo — um compromisso altruísta, doador e cuidadoso — requer certo grau de maturidade para funcionar. E a maturidade ainda está em desenvolvimento nos adolescentes. O romance entre adolescentes é parte importante do crescimento, mas raras vezes atende aos critérios de um relacionamento mais profundo, necessário para construir um casamento bem-sucedido.

Compromisso para a vida toda

Todos os dez itens do pequeno questionário são falsos, pois representam os dez equívocos mais comuns sobre o significado do amor romântico. Às vezes, desejo que o teste seja usado como base para emitir certidões de casamento: aqueles que acertassem 9 ou 10 itens se qualificariam com honras; aqueles que acertassem de 5 a 8 itens precisariam esperar mais seis meses para se casarem; aqueles sonhadores confusos que respondessem a 4 ou menos itens corretos receberiam a recomendação de celibato permanente! (Agora, falando sério, provavelmente precisamos de um curso intensivo para todos aqueles que estão pensando em se casar.)

Gostaria de compartilhar as palavras que escrevi para a minha esposa no cartão de nosso oitavo aniversário de casamento. Talvez aquilo que eu disse não esteja expresso da forma que você se comunicaria com seu cônjuge. Espero, porém, que as minhas palavras ilustrem o amor genuíno e determinado que venho descrevendo:

À minha querida esposa, Shirley

por ocasião de nosso oitavo aniversário de casamento

Tenho certeza de que você se lembra das muitas ocasiões ao longo dos nossos oito anos de casamento em que a onda de amor e afeição ultrapassou as outras marés, instantes em que os nossos sentimentos um pelo outro eram quase ilimitados. Esse tipo de emoção intensa não ocorre de forma voluntária, mas, em geral, acompanha uma época de felicidade particular. Sentimos quando recebi a minha oferta de emprego. Sentimos quando o bebê mais precioso do mundo voltou para casa, da ala da maternidade do Hospital Huntington. Sentimos quando a University of Southern California decidiu conferir a mim o título de ph.D., e sentimos em outros momentos empolgantes da nossa vida conjugal. Mas as emoções são estranhas! Sentimos a mesma proximidade quando vieram acontecimentos de natureza oposta; quando a ameaça e a tristeza entraram na nossa vida. Sentimos intimidade profunda quando um problema médico ameaçou adiar os nossos planos de casamento. Sentimos quando você ficou hospitalizada ano passado. Senti de forma intensa quando me ajoelhei sobre o seu corpo inconsciente após um acidente de carro arrasador.

O que estou tentando dizer é o seguinte: tanto a felicidade quanto as ameaças ocasionam afeição e apreço avassaladores pela pessoa amada. Mas a verdade é que o dia a dia não é nem pesaroso, nem surpreendente. Em vez disso, é formado por acontecimentos rotineiros, calmos, cotidianos dos quais participamos. E é durante esses momentos que desfruto do amor sereno e tranquilo que consegue de muitas formas superar as demonstrações extravagantes. Talvez não tenha a mesma exuberância, mas é profundo e sólido. É nesse amor que me encontro firmado em nosso oitavo aniversário de casamento. Hoje sinto uma afeição silenciosa e constante que vem de um coração comprometido. Tenho um compromisso com você e com a sua felicidade, agora mais que nunca. Quero continuar a ser o seu "querido".

> *Quando os acontecimentos nos unirem emocionalmente, desfrutarei da alegria e da empolgação romântica. Mas, durante a rotina da vida, como hoje, o meu amor permanece o mesmo. Feliz aniversário de casamento para a minha esposa maravilhosa!*
>
> Jim

A frase-chave do meu cartão para Shirley foi: "Tenho um compromisso com você". O amor que sinto pela minha esposa não é abalado pelos ventos de mudança, nem pelas circunstâncias e influências ambientais. Embora as minhas instáveis emoções pulem de um extremo a outro, o meu compromisso permanece solidamente ancorado. O amor que sinto por ela se sustenta pela determinação inabalável de fazer o nosso relacionamento dar certo.

*O amor que sinto pela minha esposa não é abalado pelos ventos de mudança, nem pelas circunstâncias e influências ambientais. Embora as minhas instáveis emoções pulem de um extremo a outro, o meu compromisso permanece solidamente ancorado.
O amor que sinto por ela se sustenta pela determinação inabalável de fazer o nosso relacionamento dar certo.*

O investimento essencial do compromisso parece estar em falta em muitos casamentos modernos. "Amo você" — eles parecem dizer — "contanto que eu me sinta atraído, ou que outra pessoa não tenha aparência melhor, ou que continuar no relacionamento seja vantajoso para mim". Mais cedo ou mais tarde, esse amor sem âncora desaparecerá.

"Na alegria e na tristeza, na riqueza e na pobreza, na saúde e na doença, para amar e cuidar, até que a morte nos separe." Essa familiar promessa do passado continua a oferecer a base mais sólida para a construção de um casamento, pois nela reside o real sentido do amor romântico genuíno.

A propósito, Shirley e eu comemoramos, em 2010, nosso 50º aniversário de casamento. Foi a "conquista" mais significativa da nossa vida. E creio que continuará a dar certo.

Conclusão

Correndo o risco de ser redundante, permita-me falar sobre a questão do amor romântico para aqueles que parecem encaminhar em direção ao casamento. Se esse é o seu caso, insisto em que você tome a decisão de se casar com a maior cautela e muita oração. Pense com cuidado em quanto você conhece a pessoa por quem se sente atraído. Pergunte-se se ele ou ela tem problemas comportamentais que podem estar escondidos de você até agora, como alcoolismo, vício em jogos de azar, pornografia, tendências homossexuais, outras evidências de imoralidade sexual, mentira e engano, egoísmo, temperamento violento, abuso físico ou emocional, doença mental, preguiça, desinteresse pelas questões espirituais, aversão a crianças e centenas de outras características que podem causar a ruína de um relacionamento. Tais problemas podem surgir após o casamento, e é isso o que costuma acontecer, pegando o cônjuge totalmente de surpresa. A pessoa que você tem certeza de ser perfeita pode simplesmente proporcionar dor e tristeza pelo restante da sua vida. Fico triste por dar um banho de água fria naquilo que parece a experiência tão maravilhosa de um relacionamento romântico, mas tenho o dever de levantar as questões difíceis.

Considerando a importância do compromisso conjugal, parece-me extraordinariamente insensato um homem e uma mulher se conectarem para a vida toda com alguém que mal conhecem. Essa é uma das decisões mais arriscadas que uma pessoa pode tomar. Apenas "sentir-se" bem em relação ao outro não é suficiente. Esse sentimento grandioso que enleva você pode evaporar-se em um final de semana.

Retornando a uma ideia já mencionada, as impressões são notoriamente indignas de confiança; elas costumam ser motivadas por atração sexual, solidão, anseio, esperança, "o toque dos sinos" e a necessidade de amor. Todos esses fatores são legítimos e razoáveis, mas também podem levar à autoilusão. Milhões de pessoas ficaram tão excitados por esses desejos que ignoraram todos os sinais vermelhos. Mas, então, o que fazer com a dor que vem de dentro? O casamento é um dos dons mais maravilhosos das mãos do Criador, e o matrimônio não deve ser evitado apenas porque apresenta riscos. Em vez disso, há boas formas de testar as impressões pessoais para ver se elas são válidas ou impostoras perigosas.

Permita-me fazer três perguntas que devem ser analisadas para determinar se você está fazendo a coisa certa, não só em relação ao casamento, mas a todas as grandes decisões da vida. Em outras palavras, você pode testar suas impressões fazendo a si mesmo as perguntas a seguir.

1. É bíblico?

Você pode encontrar respostas específicas aos problemas da vida na Palavra de Deus. Todas as expressões da vontade divina se conformam a seus princípios universais. Se um comportamento é proibido na Bíblia, ele não pode ser correto. Para encontrar passagens relevantes à decisão que está à sua frente, é importante não usar textos ao acaso, pegando um ou dois versículos fora de contexto para apoiar determinado desejo; em vez disso, estude versículos relevantes, usando uma concordância bíblica ou um programa de computador que ofereça uma série de concordâncias interativas, léxicos e comentários. Você ficará surpreso ao perceber como as Escrituras "falam" quando você está buscando genuinamente a sabedoria de Deus.

*O casamento é um dos dons mais
maravilhosos das mãos do Criador,
e o matrimônio não deve ser evitado apenas
porque apresenta riscos. Em vez disso, há boas
formas de testar as impressões pessoais para ver
se elas são válidas ou impostoras perigosas.*

Sem um padrão de comportamento para discernir o certo e o errado, corremos o risco de cometer erros enormes nas decisões mais importantes da vida. A maioria de nós tem uma habilidade extraordinária de autojustificação, especialmente quando queremos fazer algo errado. Talvez o exemplo mais notável de autoilusão seja o de um jovem casal que decidiu ter relações sexuais antes do casamento. Ambos foram criados frequentando uma igreja e precisavam lidar com o problema da culpa. Então, eles se ajoelharam e oraram quanto ao que deveriam fazer e sentiram do Senhor que não haveria problema. Eles foram em frente, mas sabiam intuitivamente que estavam transgredindo as Escrituras.

Deixe a Palavra guiar suas decisões, não um sentimento que aparece durante a noite. A Bíblia nos diz que Satanás aparece para nós como "anjo de luz" (2Coríntios 11.14). Isso significa que ele finge realizar a obra do Espírito Santo. Ele ganhou a reputação de ser o "pai da mentira" (João 8.44). Parte desse engano é expresso na forma de impressões sobre o amor romântico.

2. É certo?

Algumas coisas que queremos fazer não são especificamente proibidas nas Escrituras, mas o bom senso nos diz que elas são erradas.

*Deixe a Palavra guiar suas decisões, não
um sentimento que aparece durante a noite.
Satanás finge realizar a obra do Espírito Santo.
Parte desse engano é expresso na forma de
impressões sobre o amor romântico.*

Conheço uma família que foi irreparavelmente prejudicada pela impressão da mãe de estar fazendo algo que, a meu ver, era claramente errado. Embora ela tivesse três filhos pequenos em casa, sentiu-se "chamada" a deixá-los para sair em busca de outro ramo de trabalho. De uma hora para a outra, deixou os filhos sob o encargo de um pai que não tinha interesse nenhum em cuidar deles. Ele trabalhava seis dias por semana, e as crianças eram largadas em casa sozinhas.

As consequências foram devastadoras. O caçula da família ficava acordado à noite, chorando com saudade da mãe. O filho mais velho teve de assumir responsabilidades de adulto, para os quais ainda não estava preparado. Não havia ninguém em casa para educar, amar e guiar o desenvolvimento dessa pequena família, digna de pena. Não creio que a impressão da mãe veio de Deus, pois não era bíblica, nem correta. Suspeito que ela tinha outros motivos para fugir de casa, mas os encobriu inventando uma explicação nobre.

Quando você ama alguém, especialmente um marido ou uma esposa, tentará fazer a coisa certa.

3. É providencial?

Descobri que, ao tomar decisões de importância crítica, é útil observar o desenrolar das circunstâncias e dos eventos ao redor. Depois de orar, presto atenção às portas que se abrem e se fecham, ou a coisas que ocorrem de forma rotineira e se relacionam com o assunto em questão. Deus é plenamente capaz de revelar sua vontade àqueles que observam e ouvem. Às vezes, ele sussurra, mas, em outras ocasiões, ele nos cutuca com circunstâncias influentes. Elas poderiam confirmar se o relacionamento entre um homem e uma mulher tem a bênção do Senhor? Creio que sim. Você terá a resposta.

A verdade é que existem formas melhores de examinar o significado do amor e decidir o que fazer a respeito. Interpretar o que você está sentindo pode não ser o método mais confiável. A despeito de como você decida fazer essa escolha tão importante, o melhor conselho que posso oferecer é: *tome tempo*. Atos rápidos e impulsos abrem as portas para o arrependimento futuro.

Um posfácio pessoal

Durante um encontro de casais num fim de semana de 1981, escrevi uma carta à minha esposa, Shirley. Aqui está um trecho (com exceção de algumas intimidades introdutórias). Creio que o texto ilustra a profundidade e a intensidade do amor romântico genuíno e para a vida inteira.

> Quem mais compartilha as lembranças da juventude, durante a qual foram lançados os alicerces do amor? Eu pergunto a você: quem mais poderia ocupar o lugar reservado para a única mulher que estava *lá* quando me formei na faculdade, quando fui servir no Exército e voltei como aluno da USC,[20] quando comprei o meu primeiro carro decente (e logo o destruí), quando escolhemos juntos um anel de noivado barato (e o paguei com títulos do governo) e quando oramos agradecendo a Deus pelo que tínhamos?
>
> Quando proferimos os votos matrimoniais, meu pai orou: "Senhor, tu nos concedeste Jimmy e Shirley quando bebês para amá-los,

---

20 University of Southern California. [N. do T.]

apreciá-los e educá-los para esta era
e, nesta noite, os devolvemos a ti
depois do trabalho do nosso amor,
não como duas pessoas separadas,
mas, sim, como uma só pessoa!".
E todos choraram.

Então fomos para a lua de mel,
gastamos todo o nosso dinheiro
e voltamos para um apartamento
cheio de arroz e com um sino na
cama, e esse foi só o começo. Você
dava aulas para o segundo ano, e eu
lecionei para vários alunos do sexto
ano e me apaixonei por eles, especialmente por um garoto chamado
Norbert; terminei o mestrado e passei
nos difíceis testes para o doutorado;
compramos a nossa primeira casa e
a reformamos, e tirei toda a grama
e a enterrei num buraco de três metros
que, mais tarde, afundou, dando a
aparência de termos dois túmulos no
nosso jardim — e, enquanto eu espalhava a terra para fazer um gramado novo, acidentalmente "plantei"
oito milhões de sementes de freixo,
só para descobrir, duas semanas
depois, que tínhamos uma floresta
crescendo entre a casa e a rua.

Então você teve a nossa primeira filha, e nós a amamos tanto! Demos a ela o nome de Danae Ann e construímos um quarto na nossa casinha, que aos poucos enchemos de móveis. Depois integrei a equipe do Children's Hospital e me dei bem ali, mas ainda não tinha dinheiro suficiente para pagar as nossas mensalidades na USC e outras despesas. Por isso, vendemos um carro e usamos o dinheiro para comprar comida. Então me tornei ph.D., e nós choramos e agradecemos a Deus pelo que tínhamos.

Em 1970, levamos para casa um menininho e demos a ele o nome de James Ryan. Nós o amamos tanto! E ele não dormiu por seis meses. Trabalhei num manuscrito chamado *Ouse* e me surpreendi com uma série de reações favoráveis e algumas não tão favoráveis assim. Recebi um pequeno cheque pelos direitos autorais e achei que era uma fortuna. Entrei para o corpo docente da Faculdade de Medicina da USC e me saí muito bem ali.

Logo me encontrei caminhando pelos corredores do Huntington Memorial Hospital, enquanto uma equipe de neurologistas de expressão séria examinava o seu sistema nervoso, procurando evidências de tumor no hipotálamo. Orei, implorando a Deus que me deixasse terminar a vida ao lado da minha melhor amiga, e ele finalmente disse: "Sim... por enquanto", e nós choramos e agradecemos a Deus pelo que tínhamos.

Então compramos uma casa nova e logo a derrubamos em pedaços. E fomos esquiar em Vail, Colorado, e você fraturou a perna em vários lugares. Liguei para sua mãe para contar sobre o acidente, e ela me quebrou em pedaços. E o nosso garotinho, Ryan, quebrou toda a cidade de Arcadia em pedaços. A construção da casa parecia demorar para sempre, e você ia para a sala quebrada e chorava todo sábado à noite, porque tão pouco tinha sido feito. Então, durante a pior das bagunças, cem amigos nos deram uma festa surpresa de casa nova, desviando dos escombros, da lama, do pó de serra, de tigelas de cereal e pedaços de sanduíche — e na manhã seguinte você suspirou e perguntou: "Aconteceu de verdade?".

Então publiquei um novo livro chamado *Esconde-esconde* (o quê?), que todos o chamavam de Pique-esconde, e a editora nos mandou para o Havaí, onde ficamos na varanda, olhando para o mar e agradecendo a Deus pelo que tínhamos. Depois publiquei *O que as esposas desejam que seus maridos saibam a respeito das mulheres*, as pessoas gostaram e vieram as honras e convites às centenas para dar palestras. Então você fez uma cirurgia arriscada, e eu disse: "Senhor, agora não!". E o médico anunciou: "Nenhum câncer!", e nós choramos e agradecemos a Deus pelo que tínhamos.

Então comecei a fazer um programa de rádio, peguei licença do Children's Hospital e abri um pequeno escritório em Arcadia chamado Focus on the Family [Foco na Família], que um ouvinte de rádio de 3 anos de idade chamou de "Poke us in the Fanny",[21] e nos tornamos mais conhecidos. Então fomos passar férias em família em Kansas City, e, no último dia, meu pai orou: "Senhor, sabemos que as coisas nem sempre poderão ser tão maravilhosas quanto agora, mas agradecemos a ti pelo amor de que desfrutamos hoje". Um mês depois, ele sofreu um ataque no coração, e, em dezembro, eu dei adeus a meu querido amigo; você me abraçou e disse: "Estou sofrendo junto com você!". Chorei e respondi: "Eu amo você!".

Convidamos a minha mãe para passar seis meses conosco durante o período de recuperação. Foi quando nós três tivemos o Natal mais solitário da vida, pois a cadeira vazia e aquele lugar desocupado nos lembravam do suéter vermelho do papai, dos dominós, das maçãs, da pilha de livros sofisticados e de um cãozinho chamado Benji, que sempre se sentava no colo dele.

---

21 A pronúncia é semelhante, mas o sentido é "Cutuque o nosso bumbum". [N. do T.]

A vida, porém, prosseguiu. Mamãe lutou para se recompor, perdeu sete quilos e se mudou para a Califórnia, ainda sofrendo a perda de seu companheiro. Mais livros foram escritos, mais honras chegaram, ficamos mais conhecidos, nossa influência se espalhou e agradecemos a Deus pelo que tínhamos.

Então a nossa filha alcançou a adolescência e esta grande autoridade em crianças sabia que estava despreparada, e me peguei pedindo a Deus que me ajudasse com a tarefa extraordinária de ser pai, e ele ajudou; e nós agradecemos a ele por repartir sua sabedoria conosco. Então um cachorrinho chamado Siggie, meio bassê, ficou velho, sem dentes, e tivemos de deixar o veterinário fazer o que era preciso. E foi assim que terminou a história de amor entre um homem e um cachorro, com um ganido. Mas uma filhotinha chamada Mindy apareceu à nossa porta, e a vida seguiu em frente.

Então uma série de filmes foi produzida em San Antonio, Texas, e o nosso mundo virou de cabeça para baixo à medida que ficamos cada vez mais em evidência e o "Poke us in the Fanny" se expandiu para novas direções. A vida se tornou mais frenética, e o tempo, mais precioso, até que alguém nos convidou para este fim de semana de encontro de casais, onde me encontro neste momento.

Portanto, eu lhe pergunto: quem tomaria o seu lugar em minha vida? Você se tornou eu, e eu me tornei você. Somos inseparáveis. Já passei 46% de minha vida ao seu lado e não consigo me lembrar dos outros 54%! As experiências que contei não podem ser compreendidas por ninguém, a não ser pela mulher que as viveu comigo. Esses dias se passaram, mas seu aroma permanece na nossa mente. E, a cada acontecimento desses vinte e um anos, as nossas vidas se tornaram mais e mais entrelaçadas, unindo-se até esta afeição inacreditável que tenho por você hoje.

Seria alguma surpresa o fato de eu conseguir ler o seu rosto como se fosse um livro quando estamos em meio a uma multidão? O pouquinho que você fecha os olhos já revela muito sobre os pensamentos que passam pela sua experiência consciente. Ao abrir os presentes de Natal, sei na hora se você gostou da cor e do modelo, porque você não consegue esconder de mim os seus sentimentos.

Amo você, S. M. D. (lembra-se da camiseta com o monograma)? Amo a menina que acreditou em mim antes mesmo que eu acreditasse. Amo a moça que nunca reclamou dos altos gastos com estudo e livros, dos apartamentos quentes, dos velhos móveis alugados, da falta de férias e dos carrinhos humildes. Você esteve *comigo*, sempre me encorajando, amando e apoiando, desde 27 de agosto de 1960. E o *status* que você me dá no nosso lar vai muito além do que mereço.

Por que quero continuar vivendo? Porque tenho você para prosseguir na jornada ao meu lado. Do contrário, por que fazer a viagem? A metade da vida à nossa frente promete ser mais difícil que os anos passados. Faz parte da natureza das coisas que a minha mãe um dia se una ao meu pai e vá repousar ao lado dele em Olathe, Kansas, com vistas para uma colina beijada pelo vento, onde papai costumava caminhar com Benji e até gravou uma fita para mim, descrevendo a beleza do lugar. Depois precisaremos dizer adeus à sua mãe e ao seu pai. Ficarão para trás os dias de jogos de tabuleiro, pingue-pongue e arremesso de flechas no gramado. A risada de Joe, os pernis incríveis de Alma, os seus longos cartões de aniversário e a casinha amarela em Long Beach pertencerão ao passado. Tudo dentro de mim grita: "Não!", mas a oração final do meu pai ainda é válida: "Sabemos que as coisas nem sempre poderão ser tão maravilhosas como agora". Quando esse momento chegar, a nossa infância será cortada, eliminada pela perda dos pais queridos que nos geraram.

E o que faremos, minha querida esposa? Para quem me voltarei em busca de refúgio e conforto?

A quem mais poderei dizer: "Estou sofrendo!", sabendo que encontrarei uma compreensão muito mais que abstrata? A quem poderei recorrer quando as folhas de verão começarem a mudar de cor e a cair no chão? Como desfrutei da primavera e do calor do sol de verão! As flores, a grama verde, o céu azul e os riachos cristalinos foram aproveitados ao máximo.

Mas, infelizmente, o outono está chegando. Agora mesmo já posso sentir uma corrente fria no ar — e tento não olhar para a nuvem distante e solitária que passa perto do horizonte. Preciso encarar que o inverno está a caminho, com o gelo, a saraiva e a neve para nos assolar. Nesta ocasião, porém, a primavera não se seguirá ao inverno, com exceção da glória da vida por vir. Com quem, então, passarei essa etapa final da minha vida?

Com ninguém, a não ser com você, Shirls. A única alegria do futuro será vivê-lo como fizemos nos últimos vinte e um anos: de mãos dadas com quem eu amo...

Uma mocinha chamada Shirley Deere, que me deu tudo o que tinha — inclusive o seu coração.

Obrigada, querida, por fazer esta jornada comigo. E vamos terminá-la — juntos!

Do seu Jim[22]

---

[22] Dobson, James. **Love Must Be Though.** Dallas: Word Books, 1986. Livre tradução usada com permissão. (Publicado no Brasil com o título **O amor tem que ser firme**. São Paulo: Mundo Cristão, 1983.)

Ideias para Aprendizagem e Debates

Você está lendo este livro sozinho? Ou com o seu cônjuge, um pretendente ou grupo de estudos? Seja qual for a situação, as perguntas, as declarações de concordância e discordância, as situações de vida e as ideias para estudo bíblico a seguir ajudarão você a trabalhar com os pontos de vista do dr. Dobson em sua discussão sobre os dez equívocos mais comuns sobre romance, amor e casamento. Tenha em mãos um caderno, uma Bíblia e lápis ou caneta, e você estará pronto para refletir nestas ideias para aprendizagem e debates.

ITEM 1

O "amor à primeira vista" acontece entre algumas pessoas.

1. Você está de acordo ou em desacordo com o ponto de vista do dr. Dobson de que o "amor à primeira vista" é uma impossibilidade física e emocional? O tipo de relacionamento descrito em Filipenses pode existir na forma de "amor à primeira vista"? Por que sim? Por que não?

Completem a minha alegria, tendo o mesmo modo de pensar, o mesmo amor, um só espírito e uma só atitude (Filipenses 2.2).

2. Você concorda com o dr. Dobson quando ele diz que as músicas populares podem distorcer o conceito de amor? E os filmes? A televisão? As revistas? Os romances? Como saber a diferença entre "amar o amor" e desenvolver um relacionamento de amor genuíno com alguém? Qual é a relação do texto bíblico a seguir com o "amor verdadeiro" dentro de um casamento?

Portanto, como povo escolhido de Deus, santo e amado, revistam-se de profunda compaixão, bondade, humildade, mansidão e paciência. Suportem-se uns aos outros e perdoem as queixas que tiverem uns contra os outros. Perdoem como o Senhor lhes perdoou. Acima de tudo, porém, revistam-se do amor, que é o elo perfeito.
Que a paz de Cristo seja o juiz em seu coração, visto que vocês foram chamados para viver em paz, como membros de um só corpo. E sejam agradecidos (Colossenses 3.12-15).

3. O "amor à primeira vista" envolve egoísmo? Por que sim? Por que não? O que os versículos a seguir revelam sobre as suas ideias ligadas ao amor e ao egoísmo?

   Nada façam por ambição egoísta ou por vaidade, mas humildemente considerem os outros superiores a si mesmos. Cada um cuide, não somente dos seus interesses, mas também dos interesses dos outros (Filipenses 2.3,4).

4. Releia os dois últimos parágrafos da discussão sobre "amor à primeira vista" nas páginas 24-25. Liste alguns motivos sobre a importância das palavras "tempo" e "crescimento" para o amor verdadeiro. Leia o texto bíblico a seguir nesta e em outras versões. Anote as palavras e expressões que, a seu ver, estão ligadas à ideia de dar tempo para crescer em amor.

   O amor é paciente, o amor é bondoso. Não inveja, não se vangloria, não se orgulha. Não maltrata, não procura seus interesses, não se ira facilmente, não guarda rancor. O amor não se alegra com a injustiça, mas se alegra com a verdade. Tudo sofre, tudo crê, tudo espera, tudo suporta (1Coríntios 13.4-7).

ITEM 2

É fácil diferenciar o amor verdadeiro da paixão.

1. Você está de acordo ou em desacordo com a declaração do dr. Dobson de que "o êxtase da paixão *nunca* é uma condição permanente" (p. 27)? Será que existe relacionamento imune aos altos e baixos? Há situação permanente? Alguém poderia ser verdadeiro, ao dizer: "Nunca vou mudar"? Leia as passagens bíblicas a seguir e reflita em como elas podem fundamentar a sua resposta.

De fato, eu, o Senhor, não mudo. Por isso vocês, descendentes de Jacó, não foram destruídos (Malaquias 3.6).

Jesus Cristo é o mesmo, ontem, hoje e para sempre (Hebreus 13.8).

2. Como a imutabilidade de Deus pode fortalecer e dar estabilidade para um relacionamento humano?

Mas os planos do Senhor permanecem para sempre, os propósitos do seu coração, por todas as gerações (Salmos 33.11).

3. A afirmação seguinte do dr. Dobson soa para você: 1) desprovida de romantismo, 2) confusa, 3) falsa ou 4) uma base sólida para o casamento? "A estabilidade [no matrimônio] se origina da determinação irrepreensível de fazer o casamento ter sucesso e de manter a chama acesa, *a despeito das circunstâncias*" (p. 30). Explique a sua resposta. Como os versículos a seguir se relacionam com essa declaração?

O Deus que concede perseverança e ânimo dê-lhes um espírito de unidade, segundo Cristo Jesus (Romanos 15.5).

Por isso, exortem-se e edifiquem-se uns aos outros, como de fato vocês estão fazendo (1Tessalonicenses 5.11).

4. Segundo o dr. Dobson, qual é o ingrediente necessário para você determinar de verdade se uma pessoa está sentindo paixão ou amor genuíno? Provérbios 19.2 fala sobre a sabedoria de dar tempo para pensar sobre qualquer passo importante, quando aconselha: "Não é bom ter zelo sem conhecimento, nem ser precipitado e perder o caminho".

Como isso pode ser aplicado à análise da paixão e do amor verdadeiro? Quais são os fatores desconhecidos?

ITEM 3

Pessoas que se amam de verdade não brigam nem discutem.

1. "Um pouco de conflito conjugal é tão inevitável quanto o nascer do sol", afirma o dr. Dobson (p. 32). Qual é a chave para manter saudável a zona de combate? Leia os comentários do dr. Dobson sobre como lidar bem com os conflitos. Veja ideias adicionais nos versículos a seguir:

A resposta calma desvia a fúria, mas a palavra ríspida desperta a ira [...] O homem irritável provoca dissensão, mas quem é paciente acalma a discussão (Provérbios 15.1,18).

Começar uma discussão é como abrir brecha num dique; por isso resolva a questão antes que surja a contenda (Provérbios 17.14).

> *Quando vocês ficarem irados, não pequem. Apaziguem a sua ira antes que o sol se ponha, e não deem lugar ao Diabo* (Efésios 4.26,27).

2. Verdadeiro ou falso? Um casal casado pode ter uma discussão e ainda assim obedecer ao ensino bíblico de Efésios 4.31?

   Livrem-se de toda amargura, indignação e ira, gritaria e calúnia, bem como de toda maldade (Efésios 4.31).

3. Discuta a diferença entre "ficar irado com o cônjuge" e "ficar irado ou magoado com uma situação ou um problema". É possível distinguir essas coisas sempre? Que orientações para um conflito construtivo podem ser encontradas nos versículos bíblicos a seguir? Leia os textos no maior número possível de versões e relacione três ideias principais.

   Mas se vocês se mordem e se devoram uns aos outros, cuidado para não se destruírem mutuamente (Gálatas 5.15).

   Sobretudo, amem-se sinceramente uns aos outros, porque o amor perdoa muitíssimos pecados (1Pedro 4.8).

> *Portanto, confessem os seus pecados uns aos outros e orem uns pelos outros para serem curados. A oração de um justo é poderosa e eficaz* (Tiago 5.16).

4. Se você estiver num grupo de estudos, peça a voluntários que encenem uma discussão que demonstre o princípio: "O conflito saudável [...] permanece focado no assunto que deu origem ao desentendimento" (p. 35). Para cada encenação, escolha entre os seguintes temas:

"Estou preocupado com todas essas contas."

"Fico chateado quando não sei que você chegará tarde para o jantar."

"Fiquei envergonhado com o que você disse na festa ontem à noite. Eu me senti um bobo."

Depois de cada encenação, dedique alguns minutos para o grupo inteiro avaliar: a discussão permaneceu focada no assunto, ou foi para o lado pessoal?

ITEM 4

Deus escolhe uma pessoa específica com quem cada um de nós deve casar-se, e ele guia esse encontro.

1. Como Deus oferece ajuda para a escolha do cônjuge? Antes de definir a sua resposta, leia as passagens bíblicas a seguir. O auxílio apresentado nos versículos é geral ou específico?

   "Clame a mim e eu responderei e lhe direi coisas grandiosas e insondáveis que você não conhece" (Jeremias 33.3).

   Olhem para o Senhor e para a sua força; busquem sempre a sua face (1Crônicas 16.11).

   Não andem ansiosos por coisa alguma, mas em tudo, pela oração e súplicas, e com ação de graças, apresentem seus pedidos a Deus (Filipenses 4.6).

   Se algum de vocês tem falta de sabedoria, peça-a a Deus, que a todos dá livremente, de boa vontade; e lhe será concedida. Peça-a, porém, com fé, sem duvidar, pois aquele que duvida é semelhante à onda do mar, levada e agitada pelo vento. Não pense tal pessoa que receberá coisa alguma do Senhor, pois tem mente dividida e é instável em tudo o que faz (Tiago 1.5-8).

2. O que a Bíblia revela sobre a vontade de Deus para a escolha de um cônjuge cristão?

   Não se ponham em jugo desigual com descrentes. Pois o que têm em comum a justiça e a maldade? Ou que comunhão pode ter a luz com as trevas? (2Coríntios 6.14).

3. Em sua opinião, o que é mais importante: que o futuro companheiro seja cristão ou que seja maduro, bondoso, paciente e assim por diante? Justifique sua resposta.

4. O dr. Dobson afirma: "As pessoas que acreditam que Deus garante um casamento bem-sucedido a todo cristão estão a um passo de levar um choque" (p. 37). O que você acha que ele quis dizer com essa declaração? Você concorda ou discorda?

ITEM 5

Quando um homem e uma mulher sentem amor genuíno um pelo outro, as dificuldades e os problemas exercem pouco ou nenhum efeito sobre o relacionamento.

1. Você está de acordo ou em desacordo com a crença do dr. Dobson de que o impacto emocional de um problema pode ser devastador mesmo num casamento estável e amoroso? Por quê? Dê evidências da vida real (que você já observou) para apoiar o seu ponto de vista.

2. Quais recursos os casais cristãos têm para enfrentar dificuldades e superar problemas? Qual das passagens bíblicas a seguir daria a você maior ânimo em tempos de tribulação? Por quê?

*"Não fui eu que lhe ordenei? Seja forte e corajoso! Não se apavore, nem desanime, pois o S*ENHOR*, o seu Deus, estará com você por onde você andar."* (Josué 1.9)

*Do S*ENHOR *vem o livramento. A tua bênção está sobre o teu povo* (Salmos 3.8).

> *Portanto, assim como vocês receberam Cristo Jesus, o Senhor, continuem a viver nele, enraizados e edificados nele, firmados na fé, como foram ensinados, transbordando de gratidão* (Colossenses 2.6,7).
>
> *Estejam alertas e vigiem. O Diabo, o inimigo de vocês, anda ao redor como leão, rugindo e procurando a quem possa devorar. Resistam-lhe, permanecendo firmes na fé, sabendo que os irmãos que vocês têm em todo o mundo estão passando pelos mesmos sofrimentos.*
>
> *O Deus de toda a graça, que os chamou para a sua glória eterna em Cristo Jesus, depois de terem sofrido durante pouco de tempo, os restaurará, os confirmará, lhes dará forças e os porá sobre firmes alicerces. A ele seja o poder para todo o sempre. Amém* (1Pedro 5.8-11).

3. O dr. Dobson fala sobre um "abismo" (p. 41) que os problemas podem provocar entre um marido e uma esposa aflitos (mãe e pai). Identifique pelo menos três princípios nas passagens bíblicas a seguir que podem ajudar os cônjuges a se aproximar um do outro

em momentos de tribulação e a evitar o "abismo do isolamento".

Filhinhos, não amemos de palavra nem de boca, mas em ação e em verdade (1João 3.18).

Amados, amemos uns aos outros, pois o amor procede de Deus. Aquele que ama é nascido de Deus e conhece a Deus (1João 4.7).

Por isso, exortem-se e edifiquem-se uns aos outros, como de fato vocês estão fazendo (1Tessalonicenses 5.11).

Cada um cuide, não somente dos seus interesses, mas também dos interesses dos outros (Filipenses 2.4).

4. Liste maneiras de proteger o amor do sofrimento e do trauma relacionados aos problemas da vida. Com base nos versículos da Bíblia a seguir, escolha formas de proteger e fortalecer o amor, mesmo quando as coisas estão difíceis:

Levem os fardos pesados uns dos outros e, assim, cumpram a lei de Cristo (Gálatas 6.2).

Alegrem-se com os que se alegram; chorem com os que choram (Romanos 12.15).

Quanto ao mais, tenham todos o mesmo modo de pensar, sejam compassivos, amem-se fraternalmente, sejam misericordiosos e humildes. Não retribuam mal com mal, nem insulto com insulto; ao contrário, bendigam; pois para isso vocês foram chamados, para receberem bênção por herança (1Pedro 3.8,9).

Quais dessas formas você precisa pôr em prática no seu casamento? Qual exigirá a maior mudança em você?

ITEM 6

É melhor se casar com a pessoa errada que ficar solteiro e sozinho a vida inteira.

1. O dr. Dobson afirma: "De modo geral, é menos doloroso estar em busca de um fim para a solidão que enredado no tumulto emocional de um casamento ruim" (p. 41). Você concorda ou discorda? Por quê?

2. As declarações feitas nos versículos a seguir favorecem a solidão ou o casamento

com a "pessoa errada"? Explique a sua resposta.

É melhor ter verduras na refeição onde há amor do que um boi gordo acompanhado de ódio (Provérbios 15.17).

Melhor é um pedaço de pão seco com paz e tranquilidade do que uma casa onde há banquetes, e muitas brigas (Provérbios 17.1).

Melhor é ter um punhado com tranquilidade do que dois punhados à custa de muito esforço e de correr atrás do vento (Eclesiastes 4.6).

3. Dê cinco sugestões construtivas de formas para combater a solidão. Liste também cinco maneiras construtivas para uma pessoa solitária preencher a vida com atividades significativas. Apresente suas ideias embaixo de títulos como: "enriquecimento pessoal", "cuidado com os outros", "descoberta de coisas novas", "crescimento espiritual".

4. Em 1Coríntios 7.8,9, o apóstolo Paulo incentiva os cristãos a que permaneçam solteiros, se possível: "Digo, porém, aos solteiros e às viúvas: É bom que permaneçam como eu. Mas, se não

conseguem controlar-se, devem casar-se, pois é melhor casar-se do que ficar ardendo de desejo". Quais são algumas das vantagens espirituais desfrutadas por aqueles que não são casados?

ITEM 7

Não é prejudicial nem errado ter relações sexuais antes do casamento se um casal desfruta de um relacionamento significativo.

1. Discuta formas específicas usadas pela indústria do entretenimento e pelos meios de comunicação para transmitir a ideia de que o relacionamento sexual antes do casamento é aceitável entre quaisquer pessoas que consintam mutuamente.

2. O dr. Dobson cita estudos antropológicos mostrando que todas as civilizações que passaram de um código estrito de conduta sexual à "liberdade" sexual plena terminaram em desastre. Como uma sociedade pode fazer vigorar um código rígido de conduta sexual e, ao mesmo tempo, preservar a liberdade do indivíduo?

3. O dr. Dobson escreve: "Quando uma nação é formada por milhões de unidades familiares responsáveis e dedicadas, toda a sociedade é estável, responsável e resiliente" (p. 51). Você concorda ou discorda? Como a nossa sociedade se encaixa nesse quesito?

4. Lembre-se de que a "fornicação" é definida como o relacionamento sexual entre pessoas que não são casadas. Então, usando as referências bíblicas a seguir como recurso, explique a visão das Escrituras quanto ao sexo pré-conjugal.

Pois do interior do coração dos homens vêm os maus pensamentos, as imoralidades sexuais, os roubos, os homicídios, os adultérios (Marcos 7.21).

"Os alimentos foram feitos para o estômago e o estômago para os alimentos", mas Deus destruirá ambos. O corpo, porém, não é para a imoralidade, mas para o Senhor, e o Senhor para o corpo. Por seu poder, Deus ressuscitou o Senhor e também nos ressuscitará. Vocês não sabem que os seus corpos são membros de Cristo? Tomarei eu os membros de Cristo e os unirei a uma prostituta?

De maneira nenhuma! Vocês não sabem que aquele que se une a uma prostituta é um corpo com ela? Pois, como está escrito: "Os dois serão uma só carne". Mas aquele que se une ao Senhor é um espírito com ele.

Fujam da imoralidade sexual. Todos os outros pecados que alguém comete, fora do corpo os comete; mas quem peca sexualmente, peca contra o seu próprio corpo. Acaso não sabem que o corpo de vocês é santuário do Espírito Santo que habita em vocês, que lhes foi dado por Deus, e que vocês não são de si mesmos? Vocês foram comprados por alto preço. Portanto, glorifiquem a Deus com o seu próprio corpo (1Coríntios 6.13-20).

Ora, as obras da carne são manifestas: imoralidade sexual, impureza e libertinagem; idolatria e feitiçaria; ódio, discórdia, ciúmes, ira, egoísmo, dissensões, facções e inveja; embriaguez, orgias e coisas semelhantes. Eu os advirto, como antes já os adverti: Aqueles que praticam essas coisas não herdarão o Reino de Deus (Gálatas 5.19-21).

Mas, tudo o que é exposto pela luz torna-se visível (Efésios 5.13).

ITEM 8

Quando um casal se ama de verdade, essa condição é permanente e dura a vida inteira.

1. O dr. Dobson afirma: "O amor, mesmo quando genuíno, é frágil [...]. O relacionamento conjugal precisa ser conservado e protegido para sobreviver" (p. 54). Se você for casado, identifique e cite de três a cinco coisas que vivenciou no casamento e que trouxeram tensão sobre os seus sentimentos amorosos. Liste de três a cinco experiências que com certeza fortaleceram o amor que você sente pelo seu cônjuge. (Se você for noivo ou estiver namorando firme, converse com o outro sobre isso e identifique problemas que trazem tensão ao relacionamento de amor dentro do casamento.)

2. Leia 1Coríntios 13.4-7 no maior número possível de versões. Com base nessa passagem bíblica, escreva uma receita para o fortalecimento do amor.

3. Relembre rapidamente as suas atividades nos últimos três dias. Com base no que você fez, defina em que posição o seu casamento se encontra na sua escala de valores. Ele fica com os restos e as sobras da sua agenda apertada, ou você trata o seu relacionamento conjugal como algo de grande valor? Faça uma lista de atividades para os próximos três dias. Leve em consideração a sua carga de trabalho, os cuidados com a família e assim por diante. A lista de afazeres inclui passar tempo com o seu cônjuge? Você está disposto a dar prioridade número 1 a esses momentos juntos? Por quê? Por que não?

ITEM 9

É melhor ter um namoro curto (seis meses ou menos).

1. Para pensar na validade dessa declaração, use as perguntas, as afirmações e as ideias para debate da declaração "É fácil diferenciar o amor verdadeiro da paixão".

2. O dr. Dobson acha que seis meses é um tempo curto demais para um namoro. Em sua opinião, quanto tempo um namoro

deve durar? Quanto tempo o seu namoro durou? Você poderia ter gastado mais tempo para conhecer melhor o outro?

3. É possível um namoro ser *longo demais*? Por quê?

4. Se você for casado, o que descobriu sobre a personalidade e o caráter do seu cônjuge depois que os dois se tornaram marido e mulher?

ITEM 10

Os adolescentes são mais capazes de sentir amor genuíno que os mais velhos.

1. O amor genuíno requer cuidado pelo outro, compromisso com ele e doação altruísta. Por que essas exigências podem ser difíceis para os adolescentes?

2. Compare o bilhete de aniversário de casamento do dr. Dobson (p. 59-61) com Efésios 5.28-33. O que o texto de Efésios tem a dizer sobre o comprometimento mútuo? Quando você está comprometido com alguém, como se sente? O que você diz e faz?

> *Da mesma forma, os maridos devem amar cada um a sua mulher como a seu próprio corpo. Quem ama sua mulher, ama a si mesmo. Além do mais, ninguém jamais odiou o seu próprio corpo, antes o alimenta e dele cuida, como também Cristo faz com a igreja, pois somos membros do seu corpo. "Por essa razão, o homem deixará pai e mãe e se unirá à sua mulher, e os dois se tornarão uma só carne." Este é um mistério profundo; refiro-me, porém, a Cristo e à igreja. Portanto, cada um de vocês também ame a sua mulher como a si mesmo, e a mulher trate o marido com todo o respeito* (Efésios 5.28-33).

3. Leia Gênesis 2.24: "Por essa razão, o homem deixará pai e mãe e se unirá à sua mulher, e eles se tornarão uma só carne". O que significa tornar-se "uma só carne"? Liste formas específicas nas quais você e o seu cônjuge são uma só carne.

Sobre o autor

O dr. James Dobson é o fundador e presidente da organização sem fins lucrativos Family Talk [Conversa em Família], que produz o programa de rádio *Family Talk with Dr. James Dobson*. É autor de vários *best-sellers* sobre a preservação da família, entre eles: *Ouse disciplinar: nova edição; Um amor para toda a vida; Vivendo nos limites; Educando crianças geniosas; Quando Deus não faz sentido; Educando meninos; Em defesa do casamento* e, mais recentemente, *Educando meninas.*

O dr. Dobson integrou o corpo docente da Faculdade de Medicina da University of Southern California por catorze anos e a equipe do hospital infantil de Los Angeles por dezessete anos. É ativo nas questões governamentais e aconselhou três presidentes dos Estados Unidos em assuntos familiares. É ph.D. pela University of Southern California (1967) na área de desenvolvimento infantil. Recebeu 17 títulos de doutor *honoris causa* e foi incluído, em 2008, no The National Radio Hall of Fame [*Hall* da Fama Nacional de Rádio].

É casado com Shirley. Eles têm dois filhos adultos, Danae e Ryan, e um neto. O casal Dobson mora em Colorado Springs, Colorado.

Esta obra foi composta em *ITC Giovanni Std*
e impressa por Imprensa da Fé sobre papel
Offset 70 g/m² para Editora Vida.